Vices et vertus

Vianney Roche-Bruyn

Vices et vertus

Et autres discours poétiques

Édition : BoD · Books on Demand,

31 avenue Saint-Rémy, 57600 Forbach,
bod@bod.fr

Impression : Libri Plureos GmbH, Friedensallee 273, 22763 Hamburg (Allemagne)

ISBN : 978-2-3220-8332-9

Dépôt légal : Février 2023

« Gloire à Dieu au plus haut des cieux, et paix sur la terre aux hommes, qu'Il aime ! » (Lc 2,14)

Prélude

Exorde

Discourir, cher ami, par la beauté des vers,
D'un écrit minuté faire vivre la langue,
D'une parole juste éclairer nos travers,
Écouter la douceur d'une folle harangue,

Se jouer hardiment des temps et de l'oubli,
Inventer l'avenir du parler de Molière,
Voilà pour le poète et son être ennobli
Par le mot qui s'agrippe et tient comme le lierre,

Voilà de l'écrivain le désir mal caché !
Vous lirez ces discours, cher ami, comme d'autres
Lisent de la cuisine avec l'air détaché ;
Ou bien, très cher lecteur, vous saurez faire vôtres

Les vers de ce recueil pour vous en inspirer ;
Ou même, cher poète, aurez-vous cette force
À dire de mes mots que je veux admirer :
« Ils ne valent pas mieux que l'œuvre que

[j'amorce ! »

Voyez nos grands auteurs depuis le vieux Villon :
Ils ont produit des vers à inspirer les anges,
Ont tenu mieux qu'autrui l'immense pavillon
De notre beau langage et de ses doux échanges !

Mais le poème ira, et rien n'aura changé.
Ce néant de nos mots qui paraît de génie
N'a pas éteint la guerre, encor moins dérangé ;
Aujourd'hui, on prétend ce que jadis dénie,

Car l'écrivain n'est rien face au doigt du pouvoir,
L'écriture n'est pas face au jeu des intrigues !
Alors, reste aux auteurs le vœu de faire voir
La douceur de ce vent, la beauté des garrigues,

Les passions de l'homme ou l'ardeur du guerrier !
Nous avons, cher lecteur, résumé de ces lignes
Ce que nous croyons voir et nous approprier
De notre histoire humaine et ses aigreurs
                                        [malignes.

Mais voyons désormais où je veux vous mener.

Dans notre étrange époque où tout fut réaliste
Jusqu'à ce qu'un virus vînt à tout gangrener,
Tant avaient préféré les mots du journaliste

Aux folâtres atours du poète discret,
Qu'ils avaient oublié les vertus et les vices,
Que le faux ni le vrai leur devenait secret,
Qu'ils ne connaissaient plus ni bien ni les

[malices !

Au lieu de la vertu trop parlaient de valeur,
Plutôt que dire vrai on semblait authentique,
Avant de faire bien tous voulaient la chaleur
De quelque sentiment à l'atour romantique.

Je veux donner le Beau qui de l'âme est reflet,
Montrer que vivre mal, quoiqu'en dise la mode,
Vous fait souvent agir avec un désir laid ;
L'œuvre d'un homme meurt ; le Bien, rien ne

[l'érode.

Je réponds donc d'avance au *moralinateur* :

Peu me chalent[1] les mots qui hurleront de haine,
Qui jugeront l'idée avant d'être lecteur
Et vomiront le Dieu qui prit sur lui leur peine !

Ma joie est de chanter la gloire de Son Nom,
Mon bonheur, de sentir la Croix sur mon épaule,
Mon oui sera un oui, mon non sera un non,
Je servirai Jésus même dans une geôle !

---

1. Du verbe *chaloir*, qui signifie *importer*.

Chant I

Vices

Orgueil I

Je conte mes exploits de mon regard moqueur
Et ris des sentiments de la verve chrétienne,
Ce flou de la vertu qui bêle quelque antienne,
Ânonnant des tréfonds des vacuités d'un chœur

Une hymne sans pitié pour mes pauvres ouïes ;
J'en pleure encor de rire autant que de douleur !
Et, montrant que ma voix sonnait mieux que la
                                               [leur,
À ces niais chanteurs aux âmes éblouies,

Je provoquais en drôle et malheureux duel
Ces brebis qui bêlaient toujours désaccordées,
D'un foutraque unisson de leurs voix sabordées.
Je me mets à chanter d'un air spirituel,

Afin de leur montrer leurs airs tout ridicules,
Un chant paillard et drôle avec grand sérieux !
Dans une église, armé d'un chant, l'air curieux,
Je prie un doux Jésus d'emplir leurs testicules !

Je chante les bienfaits de la dévotion
Envers la plus charmante et galante compagne :
La femme dénudée au délicat champagne.
Heureux du fol effet de cette potion,

Libertaire, lyrique, admirable et grivoise,
Je laisse ces chrétiens d'un regard déconfit
Profiter de ces airs que seul l'intellect fit.
Mais je n'ai point parlé de la vieille bourgeoise,

À la voix chevrotante, aux airs tout imprécis,
Qui s'offusque bientôt de ma belle musique,
Et prétend défier les lois de la physique
En voulant porter loin ses airs bien indécis :

Quand, assuré, vaillant, je chante, elle
                                    [chantonne.
Croyant que son niais vaincra sa nullité ;
Mélodie imprécise aura facilité
Divin gloubi-boulga qui se perd et ronronne.

Quittant bientôt l'église et ses chantres affreux,

Je pars en reprenant quelque chant d'opérette ;
J'aime plus ces airs-là que la voix trop distraite
De leur triste prière et leur regard vitreux.

Orgueil II

Ne croyez pas rêver ; vous ne le faites point ;
Ceci n'est qu'un affect de votre corps-machine,
Une chimie exacte et non d'encre de Chine :
Votre être est un néant fait de vide disjoint.

Matière est le beau nom qui recouvre le monde :
Tout est calcul, algèbre, en votre corporel
Et parfaite physique est l'être temporel,
Depuis l'in-utéro jusqu'à la mort féconde ;

La source de la vie a l'atour de déchet,
De faim, de détritus errant sur cette terre.
Ne rêvez pas de croire en cet être éphémère
Qu'on appelle Jésus de ce lyrique archet :

Cette religion violonne et musique ;
Cette folie humaine abhorre le Progrès.
Il semble trop souvent que ce vieillot congrès –
Les fous illuminés de l'être apostolique –,

Repousse la Science et ses bienfaits… Priez
Pour votre Église morte et non pour ma personne,
Je ne crois pas ce Dieu, ni sa cymbale aphone,
Ni son Eucharistie et ses airs avariés.

Un sage disait bien, de son esprit vivace,
Que Dieu mourut, vraiment, que l'homme l'a tué ;
Je n'entends pas les mots dont est habitué
Ce niais de croyant qui prie et qui rêvasse.

Les mots que je prononce ont l'atour noir et cru,
Dites-vous, cher Monsieur, d'une âme
                                    [effarouchée ;
Vous pensez qu'ils sont faux ; que la Bible tachée
Du sang de vos martyrs et du semis bourru

De l'infâme prêtraille à l'ombre pédophile,
Que cette Bible, donc, est l'œuvre du Seigneur ;
Vous croyez en Jésus mort dans le déshonneur ;
Vous parlez de Marie avec l'air imbécile…

Peu me chaut mon destin puisque je n'en ai pas !
Je mourrai, voilà tout, mais ni vie éternelle,

Ni jugement divin – point de la ritournelle ! – !

Les vers vous mangeront comme dernier repas.

Orgueil III

Je ne suis pas bien grand à me penser petit,
Dites-vous comme un air de subtil oxymore ;
Vous m'en descendriez que de mon sycomore
Je verrais la hauteur avec tant d'appétit.

Croyez-vous que je sois la grandeur incarnée ?
Je ne suis rien, Monsieur, car je ne vaux pas plus,
Je suis un pauvre type aux ombreux absolus,
Et vous venez me dire avec l'âme bornée

Que je suis digne… Eh bien ! si de ma dignité
Vous estimez déjà qu'elle est *en elle-même*,
Alors que verrez-vous dans cette écume blême
D'un homme aux airs de bête en sa malignité ?

Je discours, je discours, en toute modestie,
Contre celui qui clame avec l'air généreux
Que la petite gent n'a rien de malheureux !
Restez béat, Monsieur, de votre Eucharistie

De vos niais sermons qui n'ont ni sens ni points ;
Restez abasourdi face aux conversions,
Des esprits ignorants dont nous énoncions
Lâchetés, tours, défauts, mais qui vous ont

[rejoints :

Je ne servirai pas, ni vous, ni Dieu, ni maître !
Vos airs de catholique à l'infâme discours,
Je n'en veux pas… Je vois les sirupeux détours
Par lesquels ce Jésus devenu Christ et prêtre

A conquis l'ignorant par les voix des seigneurs ;
Je connais votre histoire et son sombre calame ;
Je regarde le pape et tout ce qui se trame
Dans ce vieux Vatican, ce pays de saigneurs

Dont l'esprit charitable est un cache-misère.
J'ai vu ces vanités, moi, modeste indigent,
La douteuse méthode à cette pourpre gent,
Et vous osez parler de cesser toute guerre.

Vous ne valez pas plus que cette immonde clique,
Pas mieux que tel curé qui trempe dans

[l'horreur,

À la réalité vous préférez l'honneur

De rester ce salaud dénommé catholique !

Luxure

Les songes ébahis de ce crapaud simplet
Reposent avec foi sur le banc de l'église,
Tandis que vient pleurer sur cette maison grise
Le déluge des maux d'un satané couplet !

Quand crapaud se larmoie, et *priote*, et confesse,
Je cours chez sa grenouille et lui chante un
[refrain ;
Son chéri l'a trompée, elle ronge son frein ;
Bientôt je satisfais sa plantureuse fesse :

Son cocu de mari ne rentre qu'au souper.
Cette bonne chrétienne et dévote commère
Ne se fait pas prier d'enseigner la grammaire
D'un plaisir tout humain et qu'on veut inhiber.

Dans ses draps, méditant sur les bienfaits du vice,
Nous touchons le bonheur de coucher tous les
[deux ;
Sur son corps, implorant le plaisir hasardeux,

Je pense à son mari qui confesse au supplice !

Le pauvre ! Que perd-il à confier ses péchés
À ce vieux curaillon qui s'amuse à lui dire
Qu'il est tout pardonné ? Parole de satyre
Qui se laisse enhardir par des airs débauchés !

Le silence concret de son Dieu misérable,
Les mots de l'Évangile à l'atour castrateur,
L'ignoble piété de cet adorateur,
Je les oublie en elle et son âme admirable !

Nous sommes enfiévrés par nos corps tout
                              [heureux
De jouer ce bon tour à sa bigoterie ;
De nos chairs nous brûlons cette nigauderie
Et prenons notre temps pour tromper cet affreux.

Le soir, nous refaisons les draps avec ferveur :
De nouveau, nous virons, tout à nos soupirs
                              [d'aise !
Je vais partir ; sa main me touche, et je la baise –
Ainsi n'était passé qu'un ange sans saveur.

Comme je m'en retourne et que je ris, tout fier –

La nuit vient de tomber que je quitte la mare – ;

Je ricane à l'envi du bel atour ignare

De ce niais crapaud qui fut pécheur hier.

Gourmandise

On m'attend sur la table avec des flots de bière,
Car souvent je me plais à manger au festin –
N'est-ce pas celui-là qu'autrefois la prière
Éleva sur les monts de ce béat destin ?

Aujourd'hui, c'est ripaille et jour de bonne chère ;
Non pas de ce repas que mange le chrétien
Et qu'il faudrait qu'on prît pour son dévot
                              [maintien !
Je ne goûterai pas de cette âme légère

Qui prétend que le Christ est un Dieu salvateur ;
Je mangerai les plats avec bigoterie
Que l'on vient présenter sur cette argenterie,
Moquant la piété d'un jeûne privateur.

Je dévore un cuissot puis je me sers à boire
Tandis que mes amis gloutonnent aisément ;
Nous mangeons ce repas qui vient profusément,
Plutôt ce riche plat que leur Dieu de

[pourboire.

Ce quêteur de paroisse avec l'air tout grincheux,
Je me souviens de lui qui réclamait des thunes
À la pauvrette veuve aux poches importunes,
Car vides et sans rien d'autre que rien… Fâcheux

Pour ce vieux grippe-sou qui secouait sa quête
En faisant tinter l'or abondamment donné ;
Mais la vieille commère à l'air infortuné
Ne trouva rien qui pût dérider l'autre tête.

Tandis que je ressers du vin à mes amis,
Nous chantons à l'envi telle chanson cochonne ;
Tandis que du porc vient à ma bouche garçonne,
Nous trinquons sans arrêt, car tout nous est

[permis !

Bientôt lourds et repus, nous entamons la sieste.
Affalés, ivres-morts, nous ronflons de concert.
Nous avons bien mangé de l'entrée au dessert
Et n'avons pas laissé le plus petit reste.

Je songe à ces chrétiens qui s'en vont pour prier,

Avec l'ombreux destin pleurer leur infortune,

Devant leur Dieu de bois qui leur vole leur thune

Et promet un bonheur de mauvais plâtrier.

Colère

Je hais virulemment les prêchas de ces prêtres,

Je vomis avec foi leur parler doucereux,

Je rejette l'Église et son air bienheureux,

Je déteste leurs Dieux servi par ces vains reîtres.

Ce qui compte aujourd'hui, n'est-ce point le

[pouvoir ?

Je refuse ce Dieu de faiblotte misère,

À pendre sur la Croix comme un rat qui se terre ;

Voilà le paravent qu'un chrétien aime à voir !

J'exècre vos pays, vos lois et vos coutumes !

Avec ma barbe drue et mon crâne rasé,

Mes airs terrorisants et mon rugueux phrasé,

Mon oriflamme noire aux fourbes amertumes,

J'écorcherai vos fils, vos gens et vos vieillards ;

Puis, je violerai vos filles et vos femmes –

Leurs atours de catin sous des faux airs de dames

Rendent fous et puissants nos désirs de

                                        [gaillards – ;

Car moi, mahométan, soumis au joug unique
D'un dieu dont le prophète est le bon messager,
Je vous exècre, chiens, qui laissez présager
Le triomphe d'un mort à la foi satanique.

Le Saint Coran est pur d'ajouts et de retraits :
Il n'est de dieu qu'Allah, voilà le vrai message ;
Vos trois Dieux de vauriens ne sont qu'un
                                        [métissage,
Pâlot, de tant d'erreurs et de sournois portraits,

Un miroir déformé de l'islam véritable.
Vous mangez bien du porc et buvez de ce vin ;
Vos pays décadents permettent le plus vain,
Le mal le plus terrible et le moins profitable :

Le maire unit ce couple à l'immonde péché ;
Certains vont rendre gloire à la pédérastie ;
C'est ainsi que l'impur a gagné l'amnistie
Dans le monde chrétien et son vice caché.

Alors, maudit chrétien, corrigez votre faute –

Le mal polythéiste et l'horreur de ses lois –

Récitez la prière et faites-le deux fois,

Ou mon noir coutelas vous percera la côte.

Avarice

Le moindre de la foi ne vaut point la richesse ;
Entendez que je parle ici de mes grands biens,
L'Argent que je gouverne avec grande largesse ;
Ces trésors que j'acquis m'ont arraché des liens

De la terre… Ces lingots que je place à la banque,
Ces coffrets dans mes mains que j'ai toujours
                                        [gardés,
Font de moi le bon dieu de cette saltimbanque :
Ce peuple de simplets pieusement fardés

D'une foi ridicule à l'atour misérable !
L'on préfère porter cet habit malfaisant
Et cacher son fautif que servir l'adorable :
Le seul qui vaille, et plus que Dieu, c'est le pesant,

Qui sonnette et scintille avec douceur et charme !
Je le dis : rien n'est vrai dans l'amour du prochain,
Rien n'est juste en ce faux qui déverse une larme
Et prétend vous juger comme un triste machin.

Cumulez, cumulez, cette règle vaut seule,

Car l'au-delà qu'on vante avec l'air dédaigneux

N'a rien de cet enfer pour ce pleutre et ce veule :

L'après, c'est le néant d'un trépas besogneux ;

Les vers nous mangeront, nous rendront à la

[terre…

Monsieur, je ne veux plus de la sobriété,

Des objets de cet art du moine qui se terre

Dont le chrétien s'absout pour tant de piété ;

Je ne veux même plus de votre cathédrale,

De votre ignoble temple et de ses atours froids !

Restez-y, cher Monsieur, dans l'église ancestrale,

Restez tout pauvre et sec en ces sombres

[endroits ;

Je lui préfère, moi, l'Argent de bon usage,

À ce secret d'un lieu dont vous vantez le

[Beau.

La vertu de mes biens vaut plus qu'un reprisage

D'habits et d'ornements aux grands airs de

[corbeau !

Je vis de ma fortune au lieu d'en acquérir
Par la Croix qu'on oublie et le vain du baptême ;
Oui, moi, je ne perds pas tout mon temps à chérir
Ce flou de l'imprécis dont vous parlez vous-
[même :

Le vieux Nazaréen ne vaut pas la richesse…
Votre Dieu qui n'est rien – or, vous le prétendez –
Ne vous obtient pas mieux qu'une foutraque
[messe
Et vous fait miséreux par ses mots infondés !

Envie

Je jalouse ardemment et devant l'air contrit
De qui n'est que l'Amour d'après la douce fable –
Cette historiette à l'air de doux esprit –,
Je ne puis prendre plus que l'atour ineffable

De qui ne donne pas mais désire vos biens.
Je vole comme un rat l'argent que je n'ai mie,
Je calcule mes plans de grippe-sou vauriens,
Compte et recompte, et compte encor l'économie,

Lorgne souvent l'argent qui ne m'appartient pas,
Regarde avec envie un meuble ou un beau linge,
Recherche sans cesse le surplus d'un repas,
Désire cette femme aux doux attraits de sphinge

Qui n'est pas mon épouse, et niaise – c'est
[mieux !
J'en embrasse par dix et vais voir la plus belle,
Lui donne aise à vanter tout cet harmonieux –
Que je voudrais cueillir comme elle m'appelle –,

Ces beaux traits que n'a point cette autre, tout là-
[bas,
Qui m'attends dans le coin pour fuir ma
[compagnie,
Me gifler, me narguer, pour venger mes coups
[bas.
Aujourd'hui, justement, comme dûment je nie

Avoir un jour aimé qui j'embrassais hier,
Je contemple les yeux d'une belle soubrette ;
Insatisfait, je vais la voir, le cœur amer,
Pour lui compter le vent qu'elle croira fleurette.

Dans mon lit la voilà qui m'accueille et me prend ;
Je suis comme l'élu, premier homme à l'étreindre !
Elle a sur l'oreiller le plus piètre talent…
Je rêve de bonheur mais tout semble s'éteindre.

Le feu de jalousie en mon cœur si brûlant
Rêve de retrouver l'ardeur de ma jeunesse,
Cet âge où je pouvais sentir le succulent
D'un corps ou d'un repas dans leur ample

[finesse !

Je préfère pourtant vivre sans charité
Des coups de mon envie en sa désespérance,
Accaparer ce bien que je n'ai mérité
Pour mieux entretenir mon âme sombre et rance.

Acédie

Plutôt que vivre heureux je vivote si bien ;
Je préfère enfouir mes talents dans ma poche,
Me cacher sous un masque à l'atour de caboche,
Faire semblant d'aimer sans paraître chrétien.

Dans l'ombre de mon cœur qui célèbre sa haine,
Las de tout, je veux vivre et mourir à la fois ;
Je veux fuir l'existence et l'âme de ses lois
Qui me tordent le cou sous le poids de la peine.

Je fais semblant de vivre et non pas le pari ;
Au lieu de l'existence à la si noble verve,
Je préfère subir un poids d'une âme serve.
L'eau, que je bus hier, dont le puits s'est tari,

J'y fus plongé jadis, mais un jour je l'ai fuie.
Je préfère au baptême un tout flou de valeurs,
Préfère à l'onction le faux dieu des voleurs.
Oh ! je vais à la messe et mon atour s'appuie

Sur le divin parler de ce Dieu de toujours,

Mais je n'ai rien transmis de l'incertaine entrave ;

Mes enfants n'y vont plus, je n'y vois rien de

[grave...

Vous dites à bon droit que la beauté des jours

Est le fait du Seigneur qui guérit notre faute,

Mais je refuse, moi, de vivre ce pardon ;

Nul n'a su retirer de mon cœur les chardons

Des coups reçus d'autrui, pas même le doux hôte

Que vous nommez Jésus d'un air illuminé.

À quoi bon désirer d'une sublime Messe

La vie en abondance ou même la promesse

D'un éternel salut quand mon cœur est miné,

Pendant que dans mon âme, et fragile, et détruite,

Règne le tourbillon du doute et de la mort.

Que vous dis-je ces mots dont le tourment me

[mord ?

Vous rêvez de me voir changer cette conduite,

Cependant, sachez-le, je ne changerai rien ;

Je m'en vais... En ce soir de miséricorde,

J'ai compris désormais ce qui me désaccorde,

Et quitte cette église, et ne suis plus chrétien.

Discours sur les vices

Vous avez vu, lecteur, ces vicieux discours ;
Peut-être y lisez-vous un peu de notre vie :
La faiblesse dont l'âme est toujours poursuivie,
Nous mène à choir souvent dans les liens de
[vautours,

De ces esprits impurs qui parcourent le monde
Afin de nous y perdre et prendre tout pouvoir
Sur nous. Résistons-leur et faisons-leur donc voir
La beauté de ce Dieu en qui la grâce abonde !

Sachons de nos péchés voir lequel nous séduit.
L'orgueil nous atteint tous de son jeu détestable ;
Il nous affirme prêts pour la divine Table,
Mais badigeonne là son narcissique enduit,

Visible sur les uns, modeste sur les autres.
En nous, dénonçons-le, car il s'est embusqué :
Même dans le plus grand bien il avance masqué,
Pour faire des grands témoins les plus tristes

[apôtres.

Or, ce peccamineux, ce sournois, ce caché,
Ce vice avec entrain que l'on masque bien vite,
N'est-ce point celui-là qui souvent nous invite
À faire mal le bien et commettre un péché ?

Trop souvent, nous voulons oublier qui nous
[guide :
Non pas cette fureur ni ce ventre rempli,
Ni même ces amours, ni encor l'air faibli,
Ni, toujours, l'air vantard, ni cet argent liquide ;

Ce qui doit nous guider, n'est-ce pas le Sauveur,
L'Amour humble et tranquille, et patiente, et
[douce[2],
Le Christ qui prend à part même qui le repousse ?
Ce Dieu demande moins qu'une simple faveur :

Un peu de gratuité, un peu plus de constance ;
Le choisir chaque jour avec un cœur contrit,

---

2. Licence poétique.

Prier dans le secret comme il nous l'a prescrit.

Jésus, qui donnez tout jusqu'à votre existence,

Esprit de sainteté, qui ne vous refusez pas,

Bon Père tout-puissant, qui nous gardez en vie,

Ô Sainte Trinité, que bien peu ont servie,

Je veux vous adorer jusqu'après mon trépas !

Intermède I

Témoignage

Jeune, je ne fus pas ce poète amoureux
Du Sauveur admirable aimant ses créatures ;
J'en voulus à mon Dieu pour les cruautés pures
De ceux qui m'entouraient de regards rigoureux.

Je n'aimais pas ce Dieu qu'adorait ma famille ;
Mes parents m'enseignaient ses dons tant
                                    [admirés,
Mais je ne trouvais point ses vœux bons, inspirés,
Dans tous ces vilains yeux qui pour quelque
                                    [vétille

Me jetaient l'air moqueur de qui se pense mieux.
Quand je sus que l'écrit me donnait l'avantage,
Je rêvai de venger le coup bas, le dommage ;
Mais aussitôt le Christ se fit mystérieux.

Je ne sais que penser de ces temps de silence.
Je suivis le bourbier d'un si mauvais chemin,
Marquai sur chaque pas l'empreinte d'une main

De l'âme satanique à l'aspect d'une lance.

De l'Enfer redoutant le chaînon éternel
(Et pourtant de ce lieu mon âme était enduite),
J'essayais de sauver mon être par la fuite ;
Je priais, je priais, mais d'un désir charnel :

Je voulais que partît le tourment de mon âme
Mais sans vouloir aimer qui m'avait fait du mal.
La vengeance en mon cœur avait l'air animal
Du lion serpentin qui, dans le soir, infâme,

Rôde, et cherche sa proie, et la dévore crû –
Si, n'y prenant point garde, elle se fait surprendre.
Je priais, mais mon cœur ne voulait point se
                              [rendre,
Noir de ses vieux démons qui l'avaient parcouru,

Rouge d'une colère, et sournoise, et tenace.
La rage me prenait jusque dans mon écrit,
Rien n'avait plus de sens en leur mauvais esprit
Qui courait le papier de sa flamme pugnace ;

Comme j'écrivais d'elle elle en écrivait plus.

Il arrivait parfois que j'appelasse à l'aide

Le divin Ciel, qu'armé d'une volonté laide

J'appelasse au secours comme un enfant exclus

La puissance divine afin que la vengeance

Vînt briser mes bourreaux... Je n'aimais pas le

[Christ :

Il restait la distance entre son Cœur, mes cris,

La triste vision d'une lointaine engeance,

Le rien d'un peu d'espoir qu'il fût le Bon Berger.

Je fus chrétien sans l'être et le regrette encore ;

J'implore le pardon pour ce péché pécore

Dont mon être souvent se laisse submerger.

Un jour, comme j'étais, par la force des choses,

Devenu ce jeune homme âgé de vingt-deux ans

Plus doué pour la rimaille et les vers partisans

Que pour le bel écrit qui ne suit pas de causes,

Révolté par les mots et les coups bas reçus

Je hurlai vers ce Christ qui rappelait l'enfance,

Lui dis : « Cette fois-ci, point de nouvelle chance !
Vous êtes le Sauveur qui régnez au-dessus

Et vous me le montrez du truchement des signes,
Ou vous n'existez point et passera l'été
Que je ne suivrai plus la catholicité ! »
Et Jésus de répondre à ces appels indignes

Par son immense amour et son Cœur transpercé :
Je reçus son pardon dans la ville bénie
Ou ce Cœur amoureux d'une amour infinie[3],
Ce grand et divin Cœur par l'outrage blessé

S'était ouvert en deux devant une âme pie.
« Voici ce Cœur, Vianney, qui vous as tant

[aimé ! »
Tel est là le doux mot qu'il avait imprimé,
Devant ma triste haine et ma fureur harpie.

Mais si j'avais reçu du Christ le grand amour,
Je ne prenais encor ni force ni courage

---

3. Licence poétique.

Pour chasser de mon cœur la détestable rage
Envers mes ennemis et leur rire vautour.

J'étais chrétien, zélé, paré pour l'Évangile,
Priant souvent Marie et faisant oraison,
Mais craignant du passé la juste guérison ;
Je ne comprenais pas que dans mon cœur fragile

La blessure saignait abondamment… Un jour,
Pourtant, je lâchai prise en quelque humble
[chapelle,
Acceptant de parler de cette bagatelle ;
Revint le souvenir ; les larmes à leur tour.

Un ami, me voyant pris par la tristesse noire,
Ces pleurs démesurés d'un atour douloureux ;
Comprenant l'amertume et son trop-plein vitreux,
Que j'avais dans mon cœur enfoui ma mémoire,

À ma mère chérie alla le confier.
Celle-ci me transmit ses paroles exactes :
« Vianney ne parle pas. Nul ne sait rien… » Quels
[actes

Avais-je pu souffrir dans mon esprit croupier

Qui missent sur mon cœur le plomb de ce

[silence ?

Un jour que nous fêtons de la Mère du Ciel

L'humble conception, ce jour essentiel

Que fête notre Église en sa saine excellence,

Comme je retrouvais la louange du soir

Avec mes chers amis du groupe de prière,

Vint le moment choisi pour m'ôter cette œillère

D'une ombre vengeresse au bourbeux encensoir ;

Dieu m'avait attendu près de vingt-cinq années

Et je ne savais point que l'heure était ici ;

Je le laissais brûler même l'air dégrossi

Des noirceurs de mon cœur point encore

[données.

Dieu vint en moi... Dieu vint briser les verrous

Dont j'avais entouré mon âme toute triste ;

Des malheurs de ma vie il déchira la liste

Et chassa mes aigreurs par son divin courroux :

Dès que j'eus approché deux amis en prière,
Je sentis en mon cœur que Jésus voulait voir
Tout ce qui pourrissait, comme dans l'abreuvoir
Dont l'eau devient croupie à rester sur la pierre ;

Je sentis sa chaleur envahir pas à pas
Mon âme tout entière et guérir ma blessure.
Encore un peu surpris par leur parole sûre,
Je cédai tout d'un coup face aux divins appas,

Et prononçai les mots d'une liberté vraie :
« Je voudrais pardonner. » Et ce fut un torrent.
Des pleurs, des cris, des mots, un fatras
                              [cohérent ;
Les anges enlevaient les ronces et l'ivraie,

Ils nettoyaient mon âme avec autorité !
Tout ce qui me tuait le profond de mon âme
Disparut par le fou d'une divine flamme,
Et en mon cœur bientôt la moindre aspérité

Était devenue douce, et belle, et simple, et

[tendre ;

Le Christ avait vaincu par le feu de son cœur

Ce qui restait en moi de terrible rancœur ;

Sa ferme volonté venait de faire entendre

Sa parole de vie et son discours heureux.

Dès lors, je devins libre et j'en fis témoignage,

Pour rendre gloire au Christ devant le voisinage,

Ainsi que vers ce monde à l'atour miséreux.

Chant II

Combat

Orgueil *vs.* Humilité

La force des petits n'est-ce point d'être là,
De prier le Seigneur avec les mots d'enfance,
Et de dire avec peu le dit d'intelligence
Au lieu de se parler de ceci, de cela ?

Jésus lui-même a dit des mots de grand[4]
                                    [tendresse,
Que ce qu'il a caché à l'œil intelligent,
La grâce d'adorer, nous vient de cette gent :
Le petit, le plus simple en son âme maîtresse.

Que n'écoutons-nous point les cœurs de nos
                                    [enfants
Parler d'un air heureux de ce Dieu qui nous
                                    [aime ?
Préférons-nous l'orgueil et son vieux stratagème
Qui chante à notre cœur cet air vain, triomphant ?

_____

4. Licence poétique.

Ce venin du Démon répandu dans notre âme
N'est point ce doux sublime à l'attrait simple et

[bon.

Hélas, je vois un prêtre évoquer sur l'ambon
La mère des vertus et ne point voir le blâme

Qu'il lui met par l'exemple infamant de son cœur,
Être empli de fierté, trop-plein creux de sa vie ;
Par le fourbe Démon il a l'âme ravie,
Tandis que pour le monde il apparaît vainqueur.

Parfois, je veux aider ce vieillard d'aspect frêle
Qui veut rester debout tant bien que mal…

[Bonheur

De voir rire cet homme à l'air peu sermonneur,
Qui me réponds qu'il va et que rien ne s'en mêle –

Pas même le Démon qui enrage soudain,
Vaincu dans mon esprit par quelque mot modeste.
Souvent, aussi, l'orgueil va retourner sa veste
Pour mieux grandir en nous sans paraître

[mondain :

Au lieu d'être voyant il imite et déguise ;
Le tour modeste, alors, n'est plus l'humilité.
Combien vont à gémir toute leur charité,
Tandis que dans leur cœur Satan joue à sa

[guise ;

Désirant le pouvoir la gent des orgueilleux
Vient plus souvent le prendre en jouant la

[surprise,

En imitant le bon d'une modeste église,
Louvoyant de l'air noir dans le blanc de leurs

[yeux.

Mais peut-être l'orgueil viendrait-il de ma plume :
Puis-je donc regarder qui n'est point vertueux
Comme si mon esprit d'un atour somptueux
Masquait l'indélicat d'un orgueil qui s'embrume,

Se masquant prudemment de quelque atour

[moral ?

Ce faux pas dont souvent, pauvre pécheur,

[j'avance,

Reste un piège fatal à la bonne observance
De la foi en un Dieu à l'amour viscéral.

L'homme humble est celui-là qui Le prie et Le

[chante,

Rendant ce bel hommage avec un cœur ardent ;

Au lieu de la superbe à l'atour de mordant,

Préférons le discret du simple qu'on tourmente.

Avarice *vs*. Pauvreté

Le faux chrétien mondain, voilà quelle est la plaie
Que Christ doit souffrir au-delà de la Croix.
Voyez donc l'avocat qui parle et qui remblaie,
Prétextant mieux parler du Sauveur un en trois

Il vaut fera porter la chape de sa vie.
Le verbe haut, toujours causeur, acidulé,
Il vous vend son baptême en son âme asservie
Par l'avarice froide et l'orgueil calculé

Et sucre son discours d'une âme catholique.
Voyez donc le vieux riche et ses gros millions
Dénoncer le pouvoir et tout ce qu'il implique,
Tandis que par son chèque il fait rébellion

Contre celui qui pleure ou l'enfant qui s'écroule,
Affamé, dans la mine au fin fond du désert.
Voyez donc le marin se plaindre de la houle,
Qui contre un peu de rhum se fera moins disert ;

Il préfère, hélas, ses vaines habitudes.

Un chrétien, cher lecteur, restera mesuré :

Ni richesse opulente aux folles altitudes,

Ni sinistre misère à l'air claquemuré,

Ni, même, cette ardeur de nos jours bien

[commune

À pendre son baptême au gibet du mondain,

De la gloire terrestre et d'une âme importune :

Car, cher lecteur, hélas, comparer son dédain,

Sa tiédeur, sa faiblesse ou même chaque faute

Aux actions des saints qui ont marqué leur temps,

Voilà bien ce que fait le commun... Leur doux

[hôte,

Ce Jésus qui vainquit le maître des sultans,

Disait à l'homme riche armé d'un si grand zèle :

« Va, ce qui t'appartiens, vends-le, puis viens,

[suis-moi ! »

Vivre selon les lois sans vendre sa vaisselle

N'est-il pas plus aisé que d'aimer ce doux Roi ?

Voyez ce pauvre moine et son vieux monastère,
Contemplez le silence en lequel il se prend,
La musique du peu d'un sobre salutaire
Qui fait de chaque jour un jour un peu plus grand :

Je sais qu'à son exemple une âme catholique
Laisse Dieu dans son cœur remettre un peu du
[sien.
La pauvreté chrétienne est affaire biblique,
Urgence pour le monde et pour le paroissien :

Imiter Jésus-Christ c'est aller à la crèche
Pour adorer caché le divin Roi des rois,
Imiter Jésus-Christ c'est laisser une brèche
Dans le creux de son cœur et porter une croix !

Je dois me dépouiller du néant de mon être
Pour revêtir l'habit du Sauveur éternel,
À l'être glorieux qui se laisse à connaître
Me décharger du poids de mon désir charnel !

Mon cœur veut oublier sa tragique faiblesse,
Quand Dieu l'appelle à plus qu'un air de faux

                      [psautier

Qui vante et vante encor son obscure noblesse…

Que ne vous suis-je point, Jésus-Christ, tout

                      [entier ?

Je veux suivre vos pas et vivre l'Évangile,

Lâcher prise aujourd'hui sur ce qui m'appartient,

Prendre sandale au pied et ce bâton fragile,

Car le Christ Rédempteur, c'est au pécheur qu'il

                      [tient.

Luxure *vs.* Chasteté

Nous entendons souvent les éclats du péché
Résonnant dans le jour d'une âme provocante,
Mais c'est plus rarement que nous l'avons
                                 [cherché
Dans l'atour morne et froid d'une vague brocante,

Sous mil tissus brodés qui cachent à l'envi
La noblesse des mains, ou la beauté joyeuse
D'un regard séduisant ou d'un bonheur servi.
Voyez la pauvre mère à la vie ennuyeuse

Qui porte six enfants sans connaître l'amour,
Son mari qui la bat tant qu'elle se refuse ;
Vous les plaignez souvent pour leur ingrat labour,
Quand lui vous hait d'un cœur à la haine diffuse,

Et qu'elle vous déteste ainsi que votre foi !
(Je cite ces gens-là quoique cela vous gêne,
Je ne me prive pas de dénoncer leur loi
Qui rampe pas à pas comme une fourbe chaîne.)

Voyez aussi l'atour de ces cheveux bleutés,

Cette tenue absconse et leur folle imprudence :

Nombreux sont les niais qu'ils auront rameutés

Sous leur drapeau changeant au gré de la

[tendance !

On dénonce souvent la faute des enfants

Qui s'en vont choir parfois dans les bras de cet

[autre,

Mais le monde chrétien face aux airs triomphants

De l'Islam radical ou d'un rougeâtre apôtre

Prend si souvent cet air de gentille brebis,

De vieux mouton qui bêle un air vieillard et morne.

Combattre le péché de ces yeux ébaubis

De pauvre ovin naïf ayant perdu sa corne,

C'est oublié d'avoir le simple des vertus.

La douce chasteté recouvre notre vue

D'un voile marial aux aspects impromptus,

C'est de grâce, lecteur, qu'elle reste pourvue,

Car cette chasteté reste un cadeau du ciel.

Elle est discrète et douce, et tranquille, et

[prudente ;

Elle n'a pas le faux du vieux logiciel

Ou cet air miséreux d'une mauvaise entente :

Elle préfère tant rester de bon aloi,

Ne pas en dire trop, demeurer simple et tendre.

Une personne chaste a en elle une loi

Plus noble que l'écrit qui prétendra se vendre,

Elle fait ce qu'il faut, ni plus, ni moins… Mon cœur

Peut-il prétendre encore à la quelconque gloire

Et vouloir être mieux que le puissant vainqueur,

S'il garde en lui ce vœu de devenir notoire ?

Mieux vaut être ce saint qui se cache son don

Que ce pécheur béat qui trompette l'offrande ;

Plutôt que le pécheur qui quête le pardon

Mieux vaut être ce saint à la noblesse grande,

Telle qu'elle en oublie un retour généreux.

Je vois tant pour moi-même une ambition folle

De même qu'un désir en mon cœur amoureux,
Que le Christ vient à moi pour chasser cette idole

D'une luxure gourmande au glouton appétit !
Je ne suis pas meilleur que le vaillant poète
Qui de ce bout de France habité du petit –
De la douce Bretagne à l'atour obsolète –,

Affirma cette foi au Dieu ressuscité,
Ce Monsieur Violeau[5] qui disait catholique
Même un blasphémateur de la pudicité,
Lui rappelant de l'eau le signe symbolique,

Écrivait comme un saint des vers pleins de sacré ;
Moi-même trop souvent je m'arme d'un vieux
[glaive :
C'est ma propre parole aimant le vinaigré ;
Qui rabaisse l'autrui sans que rien ne l'élève.

Être chaste, lecteur, vous l'aurez donc compris
En lisant tous ces vers de ma pauvrette plume,

_____

5. Poète breton du XIXᵉ siècle.

C'est avant tout rester pur du moindre mépris

De lui qui n'est pas vous et quoiqu'on en présume.

Orgueil *vs.* Obéissance

Obéir n'est pas être un aveugle benêt
Qui répète à l'envi des consignes iniques,
Permet le pire mal même s'il reconnaît,
Du fond de sa pensée aux affects bien cyniques,

Que mal faire est un acte aux contours
                              [malheureux…
L'obéissance vraie exige d'agir en vue
D'accomplir un grand bien de son cœur valeureux,
Faire des libertés dont notre âme est pourvue

Un service divin qui s'accorde avant tout
Au profond généreux de notre conscience.
Voyez ce médecin avec son grand bagout
Se prétendre chrétien de bonne obédience,

Accepter d'interrompre une vie à venir
Au nom du fol amour de Dieu pour chaque
                                  [femme,
Préférant au Seigneur son puissant avenir.

Obéir à Jésus reste un vaste programme,

Car, parfois, Il demande un plus grand abandon,
La force de choisir, de renoncer… De faire
La noblesse du bien que ce Dieu nomme don ;
Est fou qui pensera de son château de verre

Qu'il fera mieux que Christ pour notre humanité.
L'obéissance est bien cette sagesse antique
Qui suit le doux chemin du bois de vérité,
Où pendit cet Agneau devenu viatique.

Je ne servirai pas, tels sont les mots démons
De l'Ennemi de l'Homme et du Dieu un et trine :
Par ce prince mondain que nous-mêmes aimons
Trop suivre, notre esprit trop souvent s'enfarine

En des mots sans clarté qui ne disent pas non.
Mais obéir à Dieu c'est vouloir le défendre,
Désirer le servir entre le bœuf et l'ânon,
Dans cette humilité qu'il ne fait pas bon vendre,

Le servir tout autant au pied de cette Croix

Dans cette pauvreté du Dieu qu'on humilie,
Et le servir encor ce chaste roi des Rois
Par la juste action qui paraîtra folie.

L'obéissance à Dieu jusqu'au point de mourir,
Voilà pour le chrétien la qualité parfaite ;
Tandis que le Mauvais voudra vous voir chérir
Les biens de cette terre et goûter sa défaite :

Car sans obéissance il n'est pas de vertu.
J'espère pour moi-même avoir part au Royaume :
Armé comme un soldat qui reste combattu,
Tant que dans les hauts Cieux je n'entends pas
                                    [de psaume,

Je marche avec le Christ et trébuche parfois ;
Il me prend, me relève et me donne la route ;
Je veux goûter Sa vie et entendre sa voix
Qui mets les légions du Mauvais en déroute !

Intermède II

Ce qu'est la sainteté

Pensiez-vous, lecteur, aux grands saints de
                                        [l'Église,
Quand vous lûtes ce mot qui fait frémir en bas ?
Voyiez-vous sous ces mots l'honneur de la
                                        [prêtrise,
La beauté de ce vœu courant jusqu'au trépas ?

Mais songez-vous, très cher, que cette grâce
                                        [idoine
Puisse être aussi pour vous qui lisez tous ces
                                        [vers ?
Croyez-vous donc qu'il soit besoin d'être un saint
                                        [moine
Pour que vous recouvrît de l'envers au dévers

Heureuse volonté de plaire à notre Maître,
Grâce sanctifiante et désir d'être saint ?
Quel bonheur que de croire à qui vous fait renaître
Au point de désirer par Son Sang être ceint !

J'entendis si souvent d'une bouche chrétienne
Que vouloir être saint fondait la sainteté,
Que j'acquis pas à pas la conviction sienne
Que le saint est pécheur en toute honnêteté,

Qu'il reconnaît sa faute et gémit de comprendre
Comme le Ciel est loin, de son genou fléchi ;
Que le Seigneur, pourtant, ne cesse de
[l'entendre !
« Ah ! je me sais indigne et Vous m'avez
[blanchi ! »

L'héroïsme souvent, surtout pour l'Âge antique,
Est teinté de l'orgueil propre à qui hait la foi ;
Le saint ne s'y prend point de façon identique
À celui-là qui fait mais ne suit pas le Roi !

Le saint est un pécheur qui hait sa noire faute,
Le poids indélébile à tout homme commun,
La laissant transformer par son excellent Hôte
En ce bien merveilleux qui comblerait chacun !

Trop souvent, nous voyons notre propre misère

Sans en aimer la part que nous pouvons changer,
Nous préférons à Dieu la tentatrice serre
D'un aigle qui nous mène en un très grand

                                [danger ;

Un oiseau racoleur qui chante et qui serine
Un faux refrain de paix pour nous mener un lui ;
Il rôde autour de nous, de notre âme chagrine,
Afin que dans l'Enfer elle tombe aujourd'hui !

Se morfondre est se fondre en une mélopée
D'un désespoir troublant qui sème le venin,
Fatal, de cet oiseau qui fond comme l'épée
Dans le vent infernal d'un être léonin.

Sainte est l'âme, lecteur, qui vient boire à la

                                [source,
Se réfugie en Dieu dès que le Mal est là,
Qui en appelle à Lui quand le Démon la course,
Qui, quand elle agit bien, veut agir au-delà !

Nous qui croyons souvent tout l'extraordinaire
De ce qu'ont accompli les saints d'hier, de jadis,

Que ne voyons-nous point que c'est par la

                                       [prière

Qu'ils ont tout obtenu de la Croix et du Lys !

Oui, Marie est à Dieu ce qu'une mère aimante

Est à son pauvre fils qui souffre de la mort ;

Devant l'appel des cœurs qui vivent la tourmente

Elle obtiendra pour eux le divin réconfort !

Je pleure tant pour ceux qui ne voient pas leur

                                       [Mère

Prier pour eux du Ciel et se disent chrétiens,

M'accusant quelquefois de voir une chimère,

De prier une idole aux bien mauvais soutiens ;

Ils veulent être saints d'une volonté vraie,

Mais fuient ce bel exemple avec l'air méfiant…

Qu'est-ce la sainteté pour qu'elle les effraie ?

Ô, ma mère Marie au désir confiant,

Intercède pour nous et obtiens près du Père

De retrouver tes fils qui veulent vivre au Ciel,

Car nous venons à vous comme ce pauvre hère

Qui pleure son péché sans regretter son fiel.

Pour moi-même, Seigneur, je veux être fidèle
À ces commandements que votre Amour a faits ;
Je veux venir à vous dans une blancheur telle
Que vous m'accueillerez par de divins effets !

Chant III

Gens de vertu

Sur les portraits qui
parcourent ce troisième chant

Nous voulons présenter sous vos yeux, cher
[lecteur,
Des saints représentant chaque vertu chrétienne,
Pour que vous voyiez tout le fil directeur
De leur fidélité toute pétrinienne

À la foi de l'Église en son constant maintien.
Comme Pierre suivit le Christ avec grand zèle,
Chut quelquefois au sol de qui sait n'être rien,
Tous ces gens de vertus de leur désir fidèle

Ont suivi le Sauveur, l'ont aimé chaque jour
Comme Lui-même a fait pour notre vie humaine ;
Nul ne peut effacer leur volonté sereine
De suivre Jésus-Christ et d'aimer son Amour.

La Justice
de Saint Louis,
roi de France

S'il est un homme saint à la grande justice,
Un homme qui fut grand jusqu'à marcher pieds
                                    [nus,
C'est bien ce roi de France aux faits trop
                            [méconnus –
On ne connaît de lui en notre histoire factice

Que ce qu'il accomplit hors de notre bon sol.
Qui sait que ce bon roi se savait bien indigne
De régner mieux qu'un Dieu dont on le faisait
                                    [signe ?
Sûrement pas nos chefs de qui l'us est le vol...

Louis montra l'exemple en la terre de France :
Lui qui se fit dévot d'un voile immaculé,
Il prit le divin joug qu'une Gueuse a foulé,

S'amenda des péchés de la haute prestance

Que d'autres aujourd'hui feraient mieux d'avouer.
Refusant les honneurs portés par sa couronne,
Oubliant jusqu'au bout la gloire fanfaronne,
C'est à Dieu, Jésus seul, qu'il voulut se vouer !

Ainsi, la paysanne approchant d'un haut chêne
Où le roi discourait de quelque obscur décret :
L'importune manante avec son air pauvret
L'interpella soudain sans une moindre gêne !

Un cri de désespoir face aux grands de la Cour !
Leur crachant sa colère avec impertinence,
Elle entendit le roi qui, plein de prévenance,
Lui parla de ces mots qui vous prennent d'amour.

Qu'il aimait les enfants de sa belle contrée !
Il accepta d'ouïr ce discours violent,
Quand tant de gouverneurs riraient, l'air indolent,
De la misère noire ou de l'âme illettrée ;

Il la voussoya, même, et s'émut de son cri ;

Il savait tant déjà ce qui, en son royaume,

Causait le désarroi de qui vit sous le chaume :

Le joug de ces puissants qui n'avait que meurtri.

Aux airs réprobateurs que lui lançaient les nobles,

À cette humble manante au pauvre habillement,

Saint Louis répondit, non point habilement,

Mais par l'humilité du Maître des vignobles,

Par la folle douceur du Maître des moissons !

Le sénéchal, ami du roi, le sieur Joinville,

Tout édifié qu'il fût du vivant Évangile

Qu'il voyait en Louis et ses grands écussons,

Comprendrait bien plus tard cette juste attitude.

Comme tant de puissants de cet âge lointain,

Louis fut un chef de guerre à l'ascendant certain ;

Mais des plus durs combats, gardant sa rectitude,

Il fuyait l'inutile ou le barbare vain.

Avant chaque bataille il appelait Marie,

Priait notre Seigneur pour sa douce patrie,

Pour que la royale ost servît le Chef divin ;

Tout ce sang répandu par la faute des guerres !
Louis fut fait prisonnier par les mahométans,
Au cours d'une bataille avec leurs chefs sultans ;
Même, toute son armée était entre leurs serres,

Et tous, l'un après l'autre, étaient près de céder ;
Mais Louis, le saint roi, demeurait catholique !
Sa belle piété était une réplique
À qui renoncerait pour le Christ à plaider !

Chaque matin, pendant six ans, les infidèles,
Qui rêvaient que ce roi vînt à grossir leurs rangs,
Venaient au souverain du royaume des Francs,
Lui proposant les ors, des dons et des donzelles,

Pourvu qu'il abjurât le Christ, la Trinité !
Mais il ne cédait point et gardait sa constance,
Car il savait si bien que de son existence,
Jésus seul comblerait toute l'inanité !

Quand Louis s'éteignit, morne, loin de sa terre,
Le pays tout entier pleura le pauvre saint,

Cet homme que ses pairs d'un pouvoir avait

[ceint :

Avec lui, l'humble gent pouvait boire un bon verre,

Tandis que d'un saint jeûne il portait sa douleur ;

Venant dans un pays conduit par l'infidèle,

Cette terre où Louis voulait d'une tutelle

Chrétienne, il mourut rongé d'un mal voleur

Qui couvre tout le corps d'abcès et de pustules !

Il était revenu chez les mahométans,

Et s'offrit en martyr pour leurs mauvais sultans

Qui priaient un démon de leurs esprits crédules !

Roi, n'eût-il pas régné avec tant de justice,

Qu'il eût assurément gouverné comme tant ;

Plus encor, n'eût-il point servi Dieu, rachetant,

Par son exemple saint, le pire préjudice,

Qu'il n'eût point les honneurs des autels de

[l'Église !

Joinville a témoigné pour le monde chrétien

De l'exemple du roi dont il fut le soutien,

De sa justice insigne où nul ne rivalise !

La Tempérance
de Bienheureux Charles,
empereur d'Autriche
et roi de Hongrie

Sur les bords du Danube où s'écoule le temps,
Dans cette vieille Autriche à la douce existence –
Comme la belle Europe espérait le printemps
De la modernité et du Progrès la danse –,

La royauté du Christ demeurait comme un roc,
Fondation divine aux maisons de Lorraine,
Sceptre christique à l'air de vieille peau, de toc,
Pour cet autre pays dont Marie fut la Reine,

Où un Grand Orient règne en maître absolu ;
Le grand François-Joseph gouvernait son Autriche
De cette main de fer en son air résolu ;
Avec lui, son pouvoir, pas un homme qui triche.

Comme cet empereur aimé des Autrichiens
Approchait soixante ans – bel âge pour
l'époque –,
L'on croyait que jamais ne tomberaient les siens ;
La fin de ces Habsbourgs était discours qui
choque,

Un rêve hasardeux à l'atour de poison.
Pour le prince évoqué – Charles, en pleine
[enfance –,
Tous espéraient qu'un jour il tiendrait la maison
De qui son vieux grand-oncle avait eu la tenance.

Quand vinrent à courir des rumeurs de conflit,
Que l'Europe vola prestement vers les armes ;
Comme l'on intriguait que Guerre fît son lit
Dans cette douce Europe aux si soudains
[vacarmes,

Le jeune prince obtint la main d'une Bourbon
Du prénom de Zita. Ces pieux catholiques
N'avaient point l'idéal des coureurs de charbon,

Du Progrès terroriste aux dieux machiavéliques :

Non, tout ce qu'ils voulaient, c'était le Christ, le
[Ciel ;
Même avec leur haut rang ils n'auraient de
[trophée
Que le titre de saint ; Jésus était le miel
Que leur bouche goûtait d'une bouchée assoiffée.

L'oncle du prince Charle[6], homme bon, généreux,
Portait sur lui le joug de l'héritier du trône.
Un jour qu'il visitait Belgrade – ô malheureux ! –
Avec sa tendre épouse (Ah ! quand je revois
[l'icône

De son martyre infâme à l'effluve de feu,
Que j'eusse souhaité qu'il restât homme en vie !),
Un anarchiste serbe ayant fait le noir vœu
D'abattre le pauvre prince avec la monarchie,

Tira sur l'Autrichien, interrompit ses jours,

---

6. Licence poétique.

Assassina sa femme avec autant de rage !
Fini le temps des blés, de la paix, des amours,
François-Joseph voulût répondre à cet outrage.

Quand Charles et Zita surent quel triste sort
Avait frappé le prince et sa pauvrette femme,
Ils surent que le feu deviendrait le plus fort,
Que les bruyants canons cracheraient cette

                                              [flamme,

Inepte, de la guerre et des combats sanglants ;
Ils comprirent, surtout, que Charles était prince
Le temps que l'empereur mourût… Que les

                                              [relents
Du haineux communisme et son fatras qui grince

Pouvaient briser l'Europe et notre humanité.
Le vieux François-Joseph lança l'atroce guerre
Qui devait démolir jusqu'à l'extrémité
Le moral des soldats que le déluge enferre ;

Oui, combien tomberaient en ce Vieux Continent.
L'empereur fut bientôt rongé par la hantise

De l'énorme conflit que l'Homme butinant,
Avait déterminé de mener par sottise ;

Il mourut angoissé pour son peuple meurtri,
Pour cet enfant sans père et l'épouse éplorée,
Pour l'Europe martyre et son pays flétri,
Par son orgueil terrible et, l'âme torturée,

Il s'éteignît bientôt dans son palais viennois.
Quand Charles eut reçu le beau manteau
                              [d'Étienne
Le sceptre impérial et le pouvoir des rois,
Il alla visiter ses soldats. Quelle peine !

Quelle épreuve pour lui de voir tous ces charniers
Créés par les obus, les canons, la mitraille,
Le feu tueur et noir de patrons boucaniers,
Et la balle qui fauche, et le shrapnell qui taille !

Devant la boucherie à l'effluve vendu,
Le nouvel empereur fut saisi par les larmes,
S'effondra face au sang qu'on avait répandu,
Promit à son Sauveur que cesseraient les armes,

Qu'il ne permettrait plus que la guerre durât ;
L'orgueilleux athéisme aussitôt de répondre,
De déchaîner l'Enfer et son rêve malfrat
D'homicide, et de crime, et d'y lentement fondre –

Car nul mal n'est plus grand à ses yeux renégats
Que cette piété de peuple catholique –,
À grands coups de pamphlets et de titres ingrats
Le rêve que l'Autriche aurait sa République.

Usant de ses réseaux, d'un courage sans nom,
Charles obtint l'espoir que la paix, le civisme,
Revinssent. Or, un seul vint à lui dire non :
La guerre au pacifique au nom du pacifisme,

Assez du roi pieux qui règne comme un saint,
Car seule la Science a le pouvoir christique !
Clemenceau vomissait en diable assassin
La piété chrétienne et la foi catholique !

La paix vint, mais point Dieu pour le peuple
                                    [autrichien,

Car le monde d'avant tira sa révérence ;
Quant au pauvre empereur, on le traita en chien,
Le poussant au rebut de cette Histoire rance ;

Il aimait tant servir son pays généreux
D'une foi charitable et teintée d'espérance...
Jamais il ne plaignit cet exil miséreux
Où le Scientifique – et en tête la France –

Avait placé les siens ; et, même, avec Zita,
Il bénissait le sort que permirent les traîtres.
Par deux fois, pour l'honneur, il fut et complota
Dans la belle Hongrie où il crut que les maîtres

Étaient de ses amis fidèles et prudents,
Mais il fut repoussé puis chassé vers cette île
Où ne restait plus rien de ses pouvoirs. Ardents
À dire la prière en une âme tranquille,

Charles et sa femme étaient de ces grands
[saints :
Ils ne condamnaient point leurs bourreaux de
[l'Europe,

Les bénissaient toujours de leurs esprits conjoints,
Marquèrent leurs sept enfants[7] et l'orgueil

[philanthrope

Du sceau de l'Évangile et de la constante foi.
Un jour que l'empereur avait fait quelque course,
Il fut malade, usé soudain, comprit qu'un Roi –
Son propre souverain qui n'était point la Bourse –

Venait prendre sa vie afin de la donner.
Il mourut héroïque avec cette Présence ;
Elle avait tant grandi, et venait l'étonner ;
Il se savait indigne et sa reconnaissance

Allait toute au Seigneur qui l'avait tant comblé.
Il appela son fils pour qu'il vit son entrée
Dans la vie éternelle ; et paisible, apaisé,
Charles alla bénir du haut de la nuée !

---

7. Adélaïde est née après la mort de Charles.

La Force

de sainte Jehanne

Quel courage il fallut pour que Jehanne vît
Le roi de ce pays sans trembler ! La bergère
Dont l'École aimait tant la figure naguère,
L'humble française aimait ce Dieu qu'elle servit,

À qui tout ce pays préfère l'athéisme !
Quelle témérité de prétendre à l'envi
Que ce fut le Hasard que son âme a servi,
Que la psychose explique en la cour le séisme

Provoqué par ses mots dans l'oreille du roi.
Il n'est pas de courage en ce refus de croire,
Dans cet abscons refus je ne vois point de gloire,
Et un certain régime en préfère l'effroi,

Celui-là qui en vint au rasoir politique.
Jehanne, donc, naquit en ce hameau lorrain,
Sur cette douce terre entre Champagne et Rhin,

Dans un temps où la Guerre était une pratique

Coutumière et cruelle afin de gouverner ;
Comme par les Anglais sa terre semblait prise,
La France était en proie à cette atroce crise,
Où ses chefs querelleurs aimaient se retourner

Contre le petit roi qui vivait près de l'Indre,
Tandis que l'ennemi voulait vêtir le sien
Des habits de Clovis… Chrétien contre chrétien,
Cette lutte incessante avait permis d'atteindre

À ce Dieu généreux un terrible courroux.
À ce pays qu'il veut, pour ce peuple qu'il aime,
Il fit le puissant vœu d'abattre son emblème,
À moins qu'il entendît sauter les durs verrous

Qui tenaient Orléans dans un siège terrible.
Depuis six ans déjà, Jehanne dans un verger
Entendait ces trois voix d'amis du Bon Berger,
Dont celle de l'Archange à l'Ennemi pénible.

Un jour, elle partit au fort de Vaucouleurs,

Sur ordre de ses voix, pour rejoindre l'armée.
Face à l'immense aplomb de son âme affirmée –
Elle qui proclamait que ces Anglais voleurs,

Seraient chassés d'ici par la grâce divine –,
Le bourru capitaine avait bientôt cédé,
Lui donnant des soldats, jetant le divin dé,
Sans trop savoir si Dieu menait cette gamine.

Arrivé en la ville où se terrait le roi,
Jehanne lui demanda de mener son armée ;
La ville d'Orléans, qui restait enfermée
Dans un terrible siège, était en désarroi…

Comment la jeune fille ignorante des guerres,
Qui se disait pucelle à qui voulait l'aimer,
S'était offerte au Dieu que tant voudraient blâmer,
Parvint à dire au roi qu'il reprendrait ses terres ?

Jehanne y parvint, c'est fait prouvé, car il la crut,
Elle fut avec l'ost conduire la bataille
Et des fieffés Anglais chasser cette canaille ;
La bergère lorraine en Orléans parut

Avec cet étendard de sa grande vaillance,
Provoqua les Anglais de mots purs, courageux,
Plein d'une ardente foi sans les airs ombrageux
Du désir meurtrier et de la violence ;

Voyant cette *femelle* aux atours tendrelets,
L'ennemi ricana, de cette voix qui braise.
Jehanne s'élança devant l'armée anglaise
Avec tous ses soldats, admiratifs du plaid

Qu'elle avait prononcé pour son pays de France.
Son grand étendard blanc avec les saints portraits
Était son armement devant les fers, les traits.
La bergère lorraine et toute l'ignorance

Qu'elle avait de la guerre et du sang répandu,
Obtinrent du Seigneur une grande victoire,
Quand le dimanche vint de grandeur et de gloire :
Du Seigneur tout-puissant elle avait entendu

Le très saint Sacrifice, attentive, en prière,
Plutôt que guerroyer avec l'ardeur des Francs

Elle avait préféré pour Dieu rompre les rangs,

Sans redouter qu'on vînt l'attaquer de derrière.

L'Anglais se retira, vaincu par le Sauveur.

Jehanne alla jusqu'à Reims pour que France

[claironne,

Pour Charles le dauphin et sa belle couronne

Elle mena la guerre avec verve et ferveur ;

Après trois mois, il fut fait roi, reçut le sacre.

Or, l'adversaire anglais tenait encor Paris,

La ville où de nos jours courent rats et souris,

Mais qui en cette époque avait l'atour de nacre,

Capitale marchande et puissante cité.

On partit l'assiéger pour qu'y revînt la France,

Mais Jehanne n'en obtint jamais la délivrance.

Charles Sept refusa cette nécessité,

Voulut renvoyer Jehanne à sa douce Lorraine ;

Se jugeant satisfait de son trône repris,

Il ne sut achever cet ouvrage entrepris ;

Peut-être craignait-il qu'elle se voulût reine.

Jehanne dut désormais compter sans son bon roi,
Servir Messire Dieu sans l'aide de l'armée ;
Elle prit des soldats de valeur confirmée,
Et marcha sur Compiègne où l'Anglais faisait loi

Avec le Bourguignon à la franche traîtrise.
Au cours d'un dur combat plein de férocité,
Jehanne chut de cheval devant cette cité
Et, par ses ennemis, voilà qu'elle fut prise…

Le temps était venu de la triste prison
Où l'indigne prélat l'accusa de folie ;
Cet évêque Cauchon de sa verve amollie
Pensait soumettre Jehanne et ses mots de tison,

Mais il fallut des mois de ce procès inique,
Car Jehanne tenait bon pour Jésus le Seigneur,
Grâce aux voix de l'enfance et avec grand
                                    [honneur.
L'athée en notre temps eût souffert de panique

À voir tout ce discours daté de six cents ans,

Que Freud n'inventa rien dans sa psychologie,

Car ce Cauchon d'évêque, eh bien, il le plagie,

Quand il traite de fous du Christ les partisans !

Le procès achevé, on cherchait quelque feinte

Qui pourrait condamner l'innocente... On lui fit

Un mensonge mortel pour en tirer profit,

Obtenir son parjure et resserrer l'étreinte :

Cauchon la menaça du sort de la sorcière,

À moins qu'elle n'ôtât son habit de guerrier

Pour se vêtir en femme. Il n'eut point à prier

Qu'elle voulût partir de cette souricière :

Elle obéit, par peur du feu, de ce bûcher ;

La sentence tomba ; Jehanne sera brûlée.

Et dans cette Rouen elle fut appelée

À la gloire d'un Dieu qu'elle aimait à prêcher.

Devant les durs Anglais qui moquaient son

[martyre,

Elle prononça le Nom de Jésus par trois fois,

Puis mourut saintement pour l'honneur de ses

[voix ;

Un soldat tout ému s'entendit soudain dire :

« C'est la fin d'une sainte[8] ! » avec un grand

[remords.

Le cœur de sainte Jehanne, intact, fut dans la

[Seine,

Car on avait pris peur que cette foule en peine –

Beaucoup avait pleuré en comprenant leurs torts –

Lui rendît un hommage ou reçût un prodige ;

Son anneau fut anglais pour près de six cents

[ans,

Car ils l'avaient volé de leurs bras malfaisans[9] ;

Son rachat de naguère est objet de litige,

Mais le Christ a permis qu'un Vendéen le prît,

Le rapportât chez nous comme un heureux

[trophée !

Cette mémoire, ainsi, que l'on eût étouffée,

Revient sur notre sol par le vœu de l'Esprit.

---

8. Plus précisément : « Nous avons tué une sainte ! »
9. Licence poétique.

La Prudence

de la Sainte Famille

Ils allaient dans la nuit du rejet, de l'errance,

Cherchant de place en place un lieu pour reposer,

Dans cette Bethléem rien à leur proposer

Sauf une pauvre étable au vieux foin âcre et

[rance,

Où l'âne gris, le bœuf étaient leurs compagnons

Et la paille le lit du nouveau-né, Messie

Annoncé de jadis par la voix éclaircie,

Noble, pure, sans peur, de ceux que nous

[lorgnons,

Jaloux, pour l'art des mots qui les ont fait

[prophètes.

Pourtant, Joseph eût pu refuser cette main,

Chasser de sa maison la mère et ce gamin ;

Mais Dieu lui révéla ces actions parfaites,

Par la bouche d'un ange et la foi de son cœur.

Marie avait posé le garçon sur la paille –

Il dormait tendrement après une bataille

Menée contre la mort et l'horrible douleur –

Et déjà venaient là les pastoureaux fidèles,

Qu'un chœur céleste et saint avaient vite guidés,

Vers ce lieu humble et pauvre ; en ces lieux,

[décidés,

Ils virent ce Bon Dieu sans argent ni dentelles.

Un astre avait mené trois Savants au cœur droit,

Qui avaient déposé l'or, l'encens, et la myrrhe.

Puis Hérode en son cœur de pervers, triste sire,

Monstre sans conscience à l'esprit mort et froid,

Fit tuer les bambins de son petit royaume,

Croyant qu'un jour Jésus lui prendrait son pouvoir,

Lui, le cruel monarque au regard sombre et noir.

Mais la Sainte Famille avait fui. Quand l'arôme

De cette barbarie a le sang répandu,

Joseph s'en retourna vers l'humble Galilée,

Pour qui tant avaient cru que cette écervelée

Ne produirait que rien de leur air entendu.

Dans le quotidien d'une famille humaine,

L'enfant crût en sagesse, en force, en volonté ;

Il préparait le jour où ce monde indompté

Verrait de son amour la loi simple et certaine.

Il étonnait déjà le temple et ses savants

De ses puissants discours au service du Père,

Ce tout jeune garçon à la doctrine claire :

L'Amour est le seul vrai face à nos paravents.

Au pied de cette Croix se tenait là, fidèles,

Une pauvre mère en pleurs et son cœur

                      [transpercé,

Et le jeune disciple ému, regard baissé,

Jusqu'à ces mots divins aux grâces immortelles,

Qui faisaient de la Vierge une Mère au chrétien.

Puis le Crucifié de mourir par nos haines.

Victoire du Sauveur qui supporta nos peines,

Jusqu'à nous envoyer le plus parfait Gardien.

La Foi

de sainte Rita

S'il est une chrétienne au prénom qui résonne
Dans le cœur du fidèle éprouvé par le sort,
C'est Rita de Cascia qui, puissant réconfort,
Assiste l'éprouvé de sa douce personne.

Sa prière est puissante auprès du Seigneur Dieu :
Tout au long de sa vie elle connut la lutte
Contre la volonté de qui mène à la chute
Et veut vous emmener dans le plus mauvais lieu.

Voyant le divin Cœur la percer de l'écharde
De combats et de coups qu'elle avait tant subis,
Elle accepta le lot de la pauvre brebis
Que l'on veut égarer mais qui, brave et gaillarde,

Reste près du Berger qui la conduit au Ciel.
Que de luttes à vivre avec persévérance !

Tant de combats gagnés face à qui manigance !
Toute l'âme orientée à boire un divin fiel –

Le Sang de son Sauveur vivant son agonie –,
Car pour Jésus-Christ nul combat n'est trop dur !
Le désir de Rita, demeuré toujours pur,
Accepter la souffrance ou bien la félonie,

Accueillir les coups bas d'un mari violent,
Pour adoucir son cœur dire tant de prières,
Et voir après vingt ans ses terribles ornières
Tomber, l'esprit retors devenir consolant

Par sa conversion rapide et complète ;
Quand cet homme attendri se fait assassiner…
Quelle éprouvante vie allait se dessiner
Pour la douce Rita ! La folie indiscrète

De ses deux orphelins fit redoubler d'ardeur
Sa puissante prière et le feu de son âme ;
Ses deux fils par le deuil enragés de la flamme
Courroucée et mortelle au Démon chapardeur

Criaient vengeance et mort pour l'assassin ! La

[Peste

Seule put arrêter le courroux des garçons,

Et face à cette mort ils turent leurs soupçons

Et firent pénitence avec une foi preste,

S'éteignirent en paix près de cette maman,

Confiante en les plans de son Dieu si fidèle,

Dont les plans délicats demeuraient sa chandelle !

Rita vécut cela dans un nouvel élan

D'abandon généreux pour son Sauveur et Maître !

Elle se souvenait de son désir d'enfant :

Fidèle, unir son âme en ce Dieu triomphant,

Qui sur le bois sanglant s'était fait reconnaître,

En suivant cet appel à plus grand, à plus haut,

À consacrer son être, et son corps, et sa vie.

Désirant le silence où le Seigneur convie,

La prière du cœur, le pur dans le défaut,

Les petits choix, l'amour puissant, l'âme donnée,

Voyez Rita entrer dans ce discret couvent.

Dans ce lieu de prière où l'on jugeait souvent,
Elle se fit petite à la foi couronnée

Par les tracas du jour et le cœur au travail.
Elle aimait tant la Croix, contempler sa folie,
Regarder son Sauveur porter jusqu'à la lie –
Oh ! quel honneur de voir ce bon Dieu sans
[sérail ! –

La pauvreté du monde et le péché des âmes.
Un jour, elle perçut toute l'indignité
Des noirs et mauvais coups de notre humanité,
S'en alla supplier que de ces humains blâmes

Soufferts par le Sauveur à cause des ingrats,
Elle en subît un peu, tel Simon de Cyrène,
Qui revenait des champs et dut prendre la peine
Que Jésus ne pouvait plus porter… Scélérats

Que nous sommes, pécheurs, par notre pauvre
[vie !
Jésus, pris de pitié devant cette oraison,
Diligent à donner pour qui prie à raison,

Lui fit le don d'aimer de son âme ravie,

L'écharde de son front dont il lui fit cadeau.
Dans l'épreuve Rita fut constante et fidèle,
Et Dieu menait plus loin son doux et saint modèle,
Jusqu'à lui partager sa douleur, son fardeau.

On ne sait pas bien plus de sa belle existence,
Mais on vit ce qu'il faut pour que les bons
                                    [chrétiens
Prissent en amitié son secours, ses soutiens !
Dans les plus durs combats, priez avec prestance,

Priez sainte Rita qui résout dans les Cieux
L'urgent du désespoir d'une cause perdue !
Sainte Rita, priez, dans ma bataille ardue,
Dans la peine où je suis le secours précieux

De votre humble prière est un puissant exemple ;
Défendez donc ma cause auprès de mon
                                    [Sauveur,
Vous dont l'humble constance a toute sa faveur ;
Je veux servir le Christ que votre âme contemple !

L'Espérance

de saint Jean-Paul II,

Pape

Vive cette Pologne impétueuse et fière !

Pays des mil clochers qui rayonne du feu,

Généreux, de Jésus, de ce Dieu qui fédère

Un peuple tout entier sur l'humble Croix... Le vœu

De cette nation n'était-il point la gloire,

Immense et pourtant étrange aux yeux humains,

De mourir de la mort que le Christ voulut boire ;

Le sang de son martyre avait couvert des mains

D'où transpiraient la haine outrageuse des

[Russes,

Des Prussiens huguenots l'ire à l'air de venin,

De la puissante Autriche aux terribles astuces

Qui devaient lui gagner quelque bout de terrain.

Ah ! Pologne ! Pologne ! ô Jésus sur la Terre !
On eût dit que Dieu même était un beau pays !
Vous vécûtes mil fois sa mort par la colère
De ceux qui ont jeté le noble crucifix !

Comme Karol naissait dans ce petit village
Nommé Wadowice[10], simple et douce cité,
Les canons s'étaient tus de l'ignoble carnage,
De cette Grande Guerre et son atrocité.

Ce jeune garçon crut dans la foi catholique,
Entouré de parents plein d'amour pour la Croix ;
Le malheur le frappa pourtant, diabolique :
Sa mère s'éteignit priant le Roi des rois,

Laissant son cher mari, ses deux fils en prière ;

_____

10. Prononcer « *vadovyitsè* ».

Edmund, l'aîné, mourut aussi, laissant Karol,

Jeune enfant de douze ans, ainsi que leur vieux

[père.

Mais à ces fiers chrétiens nul démon au noir vol

Ne pourrait susurrer le fiel de cette haine

Qui crache sur le Christ et rejette sa loi.

Bientôt, d'un Reich vengeur revint l'ombreuse

[peine

D'une guerre qui tue et qui combat la foi ;

Jeune adulte, Karol, plein de cœur et de verve,

Servit la sainte Église et se prit d'un amour,

Incandescent, brûlant, enflammé, sans réserve,

Pour celle qui conduit son dévot chaque jour,

La pure et sainte Vierge à la main belle et douce.

Sous le voile martyr de sa simplicité,

Karol sert son pays que l'Allemand détrousse,

Dont Hitler hait si fort la catholicité !

Mais cette guerre aux Juifs, à la grande Pologne,

Signait pour bien longtemps le glas du doux pays :

Laissant ce beau pays en l'état de charogne,

Avec cendres et morts sur un sol pauvre et gris,

L'Allemagne s'enfuit devant les chars du Rouge.

La haine des nazis pour les religions,

On la connut forgée au martel, à la vouge,

Par le socialisme avec ses légions.

Karol, homme de Dieu, reçut l'appel à suivre

Celui que l'être humain méprise bien souvent :

Malgré le communiste et son commissaire ivre,

En dépit de leur loi qui soufflète le vent,

Karol devint ce prêtre à l'âme de prière,

La grandeur généreuse et dont le cœur aimant

Offrait un témoignage à la force guerrière,

Consolait l'ouvrier devant le dur tourment

D'un système idiot qui vous presse et vous vide.

Cette âme édifiante eût voulu rester loin,

Dans la discrétion, le calme… Or, intrépide,

Devant le communiste il se faisait témoin ;

Rome ne tarda pas à le nommer apôtre,

Puis, voyant son doux zèle et sa fougueuse

[ardeur

À constamment prier pour mieux servir cet autre,

Ce frère, ce pauvre homme ou cet esprit frondeur,

Revêtit notre saint de la pourpre romaine.

Quand Paul Six s'éteignit dans la paix du

[Seigneur,

Lui succéda un homme au regard doux, amène :

Il se nomma Jean-Paul, nous rappelant l'honneur,

D'un puissant évangile aux confins de la terre

Qu'on devait amener comme une loi d'amour.

Mais ce premier Jean-Paul ne fut pape que guère,

Car il mourut vaincu par le poids du labour ;

Et un conclave, encor, dans la Ville Éternelle,

Pour désigner le chef et serviteur de tous,

Le premier des pécheurs et pauvre sentinelle

De cette vieille barque au pauvre air de sans-

                                      [sous.

Karol ne désirait ni pouvoir ni puissance,

Mais servir le Seigneur avec fidélité ;

Il se sentait indigne et manquant d'innocence ;

La charge qu'il savait n'avoir point mérité,

Il la reçut, tout humble, en sa ferme espérance,

Confiant dans son Sauveur plus que dans son

                                        péché.

Jean-Paul se présenta devant l'exubérance

De la foule romaine avec l'air détaché,

Et prononça ces mots qui priaient sans le dire :

« Ne craignez pas ! » Jean-Paul avait conquis les

[cœurs,

Mais il pensait à l'Est sous le sinistre empire

De ces cruels *soviets* qui se rêvaient vainqueurs

De la foi catholique et du Créateur même !

Il fallait les combattre avec la sainteté,

Leur montrer ce grand feu qui jaillit du baptême.

Mais la haine du Christ parle sans netteté,

Préférant discuter du langage d'une arme :

Un jour de mai – le treize –, comme le Pape,

[joyeux,

Bénissait une foule, on perçut un vacarme ;

L'on venait de tirer, la haine dans les yeux,

Sur le chef de l'Église et successeur de Pierre :

Le Pape s'effondra grièvement blessé.

La peur. Les cris. L'horreur. La mort. Le Pape à

[terre.

Ah ! Était-ce la fin ? Était-il trépassé ?

Mais le miracle eut lieu : il conserva la vie.

Pourtant, son corps meurtri déclinait pas à pas :

Me revient cette image et sa souffrance obvie,

Le Pape qui prêchait malade et parlant bas.

Quant au monde de l'Est, tel un fort de

[branchages,

Il s'écroula bientôt de son vétuste poids,

Rongé par ce cancer aux airs faussement sages

De cette liberté qui nous donne des droits.

Je me rappelle encor ce vieux pape, fidèle,

Bénir de l'hôpital la foule des Romains ;

Malgré les ans, le mal, il restait un modèle,

Un guide courageux pour les êtres humains,

Un phare dans la nuit de l'Europe apostate.

Je me souviens fort bien de la nuit de sa mort :

Ces médias français d'humeur souvent ingrate

Avaient tu leur critique et retrouvé le nord ;

On eût cru ce soir-là de la foi catholique

Que rien ne l'eût éteinte en mon pays sans foi,

Et bientôt vers le Ciel monta l'humble supplique,

Ce « *santo subito !* » qui sut toucher le Roi.

Ah ! quels fruits ! quels beaux fruits pour notre

[humanité

Que ce pape en prière et pèlerin du monde

Sa joyeuse espérance et son air de bonté,

Qui dans le Ciel sourit de sa grâce féconde.

La Charité
de saint François,
fondateur de l'ordre
des Frères mineurs

Sur la place d'Assise au-devant de la foule,
Il n'a plus rien à dire et pas plus à donner ;
Alors, François choisit de se laisser mener
Par la voix du Sauveur que son père refoule :

Sous les regards de tous et pour rendre son dû
À son père enragé que son grand fils mendie,
Il se dévêt entier avec sa foi hardie,
Malgré les airs choqués d'un regard entendu.

Il était loin de Dieu, ce jeune homme, naguère ;
Il préférait souvent les plaisirs, les banquets,
La fête, le bon vin, les jeux, les airs coquets,
La gente compagnie et les récits de guerre.

Mais ce garçon rêveur n'avait pu la mener :
À l'heure de combattre il s'était vu malade,
Subissant quelque fièvre… À Dieu, cette

[croisade !
Mystère du chrétien à qui Dieu veut donner

Plus que la vision de la misère humaine,
Le noceur de naguère était sobre et priant.
Il semblait transformé par le Christ mendiant,
Jusqu'à voir ce lépreux qui n'avait vu que haine.

« Répare Mon Église ! » Il avait vu ce lieu
Où nul n'adorait plus qui tombait en ruines ;
Il s'attela bientôt pour cette voix divine
À réparer l'église afin d'y prier Dieu.

Bientôt ce fou du Christ fut suivi par des frères.
Il les étonnait tous par son humilité,
Par sa louange simple et par sa charité,
Préférant aux honneurs les récits scripturaires,

L'exemple de Jésus qui porta cette Croix.

François marqua son temps et, de nos jours

                                       [encore,

Le monde se souvient qu'il accomplit pléthore

De faits bien étonnants pour le grand Roi des

                                       [rois !

Même si notre monde a la foi toute tiède,

De ce grand saint d'Assise il est admiratif ;

Même le moins croyant regarde ce chétif

Servir l'humble lépreux sans demander de l'aide.

Postlude

Exhortation

Je ne puis qu'à regret refermer cet ouvrage ;
Il me faut l'achever, pourtant, d'un simple trait,
Venir à dire en mots, dans le profond discret
De mon âme poète un peu de son message :

Ce que le Christ a fait valait bien quelque écrit,
Même s'Il est indigne, indigent, miséreux,
Devant l'immensité de ses faits si nombreux.
N'est-Il pas sur la Croix mort comme le proscrit,

Le pire renégat, la plus grande des lies ;
Crucifié pour nous qui l'avons rejeté,
Il est ce Tout-Puissant qui prend ma pauvreté.
Pour que règne Son Nom ils ont fait mil folies,

Ceux-là qu'on nomme saints, que je veux imiter ;
La force du chrétien qui suit l'humble Messie,
Celle qui dit Son Nom face à l'âme obscurcie
Par l'ombre que le Mal lui laisse refléter,

C'est vivre des vertus d'une âme généreuse,

Par amour pour autrui qui ne le connaît point.

Le cadeau du baptême est ce dont il est oint,

Ce pécheur pardonné d'une âme bienheureuse :

Il servira Jésus jusqu'à mourir pour lui,

Car devant les tourments de celui qui refuse

De Dieu le don parfait et dont l'âme confuse

Rejette bien souvent, las ! le divin appui,

Un chrétien veut gagner la grâce du martyre !

Quand Dieu appelle un homme et qu'il répond :
          [« Je viens »,

Que de joie en Son Cœur et pour tous les
           [chrétiens !

Oui, je suis ce Jésus, et oui, je veux Lui dire !